8ᵉ BATAILLON DE CHASSEURS A PIED.

LE

COMBAT DE SIDI-BRAHIM

ET

LE SERGENT LAVAYSSIÈRE

(23, 24, 25 Septembre 1845)

Extrait de l'historique du 8ᵉ Bataillon complété d'après la relation
contemporaine rédigée par le **Sergent Lavayssière**

> Un bataillon de Spartiates mourant
> dans de nouveaux Thermopyles....
> (Maréchal de Sᵗ-ARNAUD).

AMIENS

TYPOGRAPHIE DE DELATTRE-LENOEL

32, RUE DE LA RÉPUBLIQUE, 32.

1883

LE

COMBAT DE SIDI-BRAHIM

ET

LE SERGENT LAVAYSSIÈRE

LE SERGENT LAVAYSSIÈRE

Chevalier de la Légion d'Honneur.

8ᵉ Bataillon

Imp. A. Qnantin.

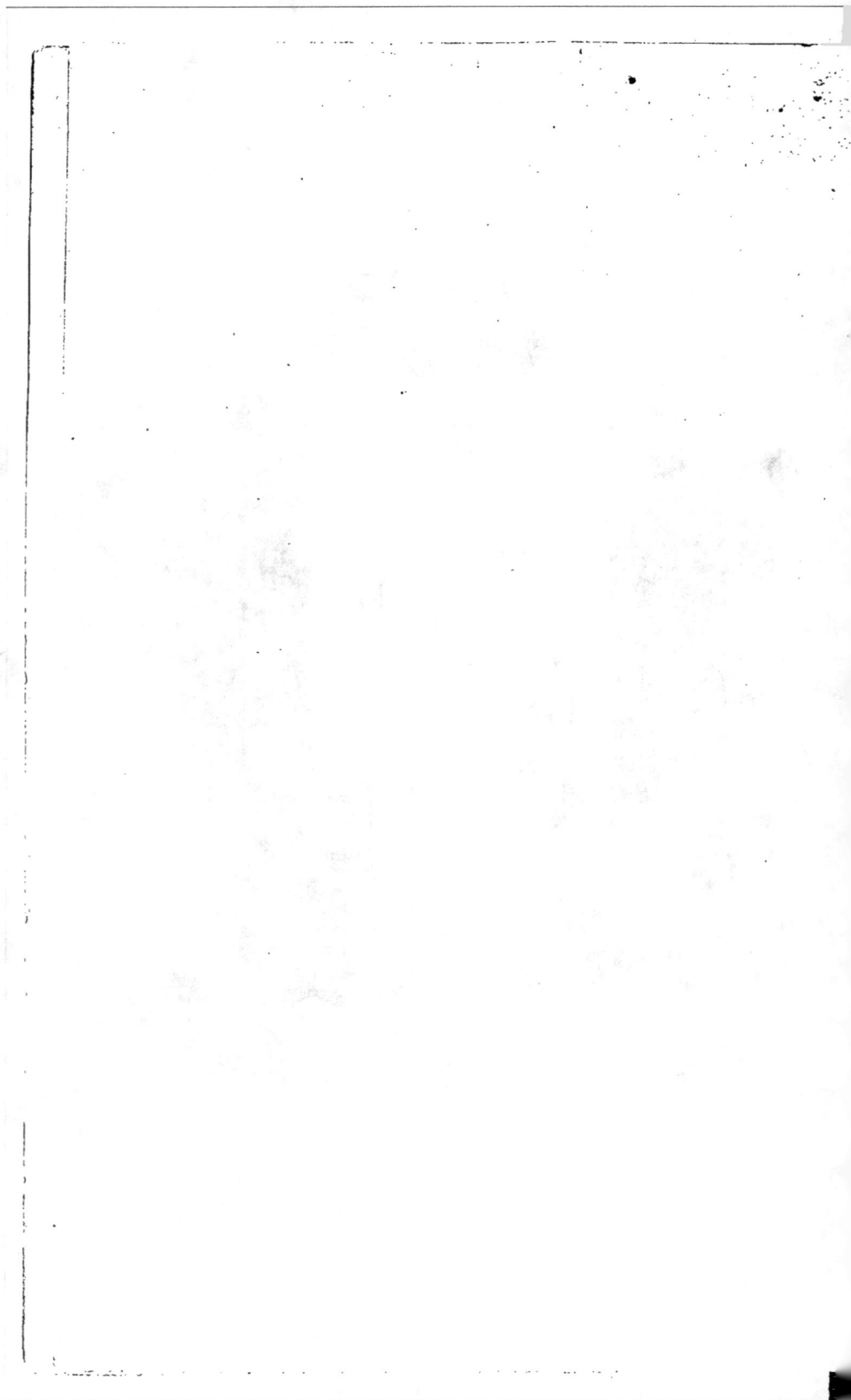

8ᵉ BATAILLON DE CHASSEURS A PIED.

LE

COMBAT DE SIDI-BRAHIM

ET

LE SERGENT LAVAYSSIÈRE

(23, 24, 25 Septembre 1845)

Extrait de l'historique du 8ᵉ Bataillon complété d'après la relation
contemporaine rédigée par le **Sergent Lavayssière**

> Un bataillon de Spartiates mourant
> dans de nouveaux Thermopyles....
>
> (Maréchal de St-Arnaud).

AMIENS
TYPOGRAPHIE DE DELATTRE-LENOEL
32, RUE DE LA RÉPUBLIQUE, 32.

—

1883

PRÉLIMINAIRES.

Le 1ᵉʳ novembre 1840, la formation du 8ᵉ Bataillon de Chasseurs commençait à s'effectuer au camp d'Helfaut, près Saint-Omer.

Le 10 juin 1841, le Bataillon s'embarquait pour l'Algérie et prenait terre le 14 à Mostaganem, sous les ordres du commandant Uhrich.

A peine débarqué, le Bataillon prenait part (juin 1841 à janvier 1842) aux expéditions du Chéliff, des Flittass sous le commandement supérieur du général Bugeaud, au combat d'El-Bordj, à la soumission des Bordgias, des Medghers, des Beni-Chougran.

Le 6 février 1842, le commandant Froment-Coste succédait au commandant Uhrich et pendant les années 1842, 1843, 1844, conduisait le Bataillon dans les opérations de la province d'Oran. (Soumission de Nedrôma, prise de Keff, combat de la Sikack, combat de Bab-el-Thaza, expéditions des Beni-Snous, des Oulassas, des Beni-Amers, des Ouled-Naars, des Djaffras, des Angades, combat de Sidi-Azis).

Le 14 août 1844, le Bataillon prenait une part glorieuse à la bataille de l'Isly, et après de nouvelles expéditions autour de Sebdou et de Lalla-Marghnia, rentrait dans sa garnison de Tlemcen. (Janvier 1845).

Il en repartait le 1ᵉʳ avril et pendant trois mois opérait

autour de Sebdou, chez les Ouled-Mimoun, et dans le Sud à la poursuite d'Abdel-Kader.

Enfin le 5 août 1845, le Bataillon se mettait en route pour Djemmàa-Ghazaouat, (aujourd'hui Nemours), pour y tenir garnison avec deux escadrons du 2ᵉ Hussards.

Jusqu'au 20 septembre, le Bataillon est employé aux travaux de fortification de la place et fait de nombreuses sorties pour calmer l'agitation causée dans les tribus environnantes par la défection de l'Agha, des Ghossels et l'approche d'Abdel-Kader.

Le 21 septembre, le colonel de Montagnac, du 15ᵉ Léger, commandant supérieur de Djemmàa, se décide à sortir avec la majeure partie de la garnison, soixante hussards sous les ordres du commandant Courby de Cognord, et cinq compagnies du 8ᵉ Bataillon, fortes de 346 hommes, sous la conduite du commandant Froment-Coste. C'étaient les 2ᵉ, 3ᵉ, 6ᵉ, 7ᵉ, 8ᵉ compagnies encadrées de la manière suivante:

Commandant FROMENT-COSTE.

Capitaine adjudant-major DUTERTRE.

Médecin aide-major ROSAGUTI.

2ᵉ Compagnie. Capitaine BURGARD.

3ᵉ id. Sous-Lieutenant LARRAZET.

6ᵉ id. Capitaine DE CHARGÈRE.

7ᵉ id. Lieutenant DE RAYMOND.

8ᵉ id. (Carabiniers). Capitaine DE GÉREAUX.

Lieutenant CHAPPEDELAINE.

La 1ʳᵉ Compagnie avait été laissée à Tlemcem.

Les 4ᵉ et 5ᵉ Compagnies constituaient le dépôt, stationné en France.

COMBAT DE SIDI-BRAHIM

(23, 24, 25 Septembre 1845).

La colonne sortit de Djemmàa le 21 septembre à dix heures du soir, emportant des vivres pour six jours; elle marcha jusqu'à deux heures du matin, à l'ouest, dans la direction de l'Oued-Taouli. La nuit se passa au bord de cette petite rivière, les hommes couchés au pied de leurs faisceaux.

Le 22 septembre, au jour, le Colonel fit établir le camp, on déjeûna, et, à onze heures, on se remit en marche, mais cette fois en appuyant au sud-est. La colonne ne fit que deux lieues et campa sur l'Oued-Tarnana; déjà des cavaliers paraissaient sur les crêtes voisines; une reconnaissance fut reçue à coups de fusil; les avant-postes furent inquiétés dès deux heures de l'après-midi. On était en présence de l'ennemi; l'influence seule de l'émir Abdel-Kader pouvait donner cette assurance inaccoutumée. Le colonel de Montagnac instruisit de ces faits le Capitaine du génie, commandant supérieur de Djemmàa par intérim, et le prévint qu'il ne pouvait rentrer sans exposer les Souhalias à être enlevés.

Au jour, le 23 septembre, on s'aperçut que les postes arabes s'étaient rapprochés à la faveur de la nuit, et les crêtes, à environ mille mètres du camp se couvraient de cavaliers dont le nombre, à sept heures du matin, fut estimé à six ou sept cents.

A neuf heures, le Colonel laissa le commandement du camp au commandant Froment-Coste, du 8ᵉ Bataillon, et se mit en marche avec le chef d'escadrons Courby de Cognord et ses soixante cavaliers du 2ᵉ Hussards, suivis des 3ᵉ, 6ᵉ, 7ᵉ compagnies et de trois escouades de Carabiniers, sous les ordres du sergent Bernard; l'infanterie était sans sac; la cavalerie marchait en tête, au pas; le Colonel la conduisait lui-même.

Il ne restait pour garder le camp que la 2ᵉ compagnie et les Carabiniers, diminués de trois escouades.

La petite colonne s'avança jusqu'à 400 mètres de l'ennemi et éprouva une première résistance. La troupe se reforma; puis laissant l'infanterie en place, le Colonel s'élança à la tête de la cavalerie et se rua sur les groupes ennemis. La plus grande partie des Hussards périt dans cette première charge. La retraite se fit sur les Chasseurs qui arrivaient déjà au pas de course; on reprit l'offensive et les trois compagnies marchèrent résolument à l'ennemi.

Un ravin se présentait qu'il fallut franchir; à peine les Chasseurs y étaient-ils engagés que des avalanches de cavaliers et de kabyles s'y précipitaient de toutes parts. On était loin de s'attendre à un ennemi aussi nombreux: les espions avaient trompé la foi du Colonel, qui n'avait pu voir qu'une très petite partie des arabes, habilement cachés dans les plis d'un terrain excessivement accidenté. Cependant on parvint à prendre position.

Le carré fut formé dans le plus grand ordre, et alors commença une horrible scène de destruction. Le colonel de Montagnac tomba des premiers, et ceux qui, quelques mois plus tard, furent appelés à recueillir les précieux restes de ces héroïques victimes du devoir et de la discipline, ont pu voir sur le terrain que les ossements jonchaient en carré, comment chacun mourut à sa place, et dire combien était vraie la poétique expression d'un des merveilleux échappés de ce massacre : « sans cartouches, ne pouvant plus riposter, ils ont attendu la mort et sont tombés comme un vieux mur que l'on bat en brèche. »

Mais déjà le second et non moins douloureux épisode se préparait.

Le maréchal-des-logis Barbut était, en effet, arrivé ventre à terre, demander du secours de la part du Colonel mourant. Il annonçait que tout était perdu, que l'Emir commandait en personne des forces considérables, et qu'il n'y avait plus de retraite possible.

Le commandant Froment-Coste prend alors avec lui une soixantaine de Chasseurs (2ᵉ compagnie) et s'élance à l'ennemi, laissant à son tour à la garde du camp le capitaine de Géreaux et ses Carabiniers. Il était arrivé à un quart de lieue du champ de carnage quand tout à coup la cessation de la fusillade et l'arrivée bruyante de milliers d'arabes lui apprirent que tout était fini avec le colonel de Montagnac.

En toute hâte, il gagne sur sa gauche un point plus convenable pour la défense, et y forme en carré sa petite troupe, qui désormais ne doit plus compter que sur elle-même. Bientôt il est enfermé dans un cercle d'ennemis qu'enivre un premier succès. A cette vue, un jeune Chasseur s'écrie tout ému : « Nous sommes perdus, nous sommes morts ! » Quel âge as-tu ? lui dit le commandant — Vingt-deux-ans, — Eh bien ! j'ai souffert dix-huit ans de plus que toi ; c'est ici que nous devons mourir, je vais te montrer à tomber le cœur ferme et la tête haute. » Le digne chef du 8ᵉ tombe aussitôt frappé à la tête ; bientôt après lui tombaient le capitaine-adjudant major Dutertre, qui avait pris le commandement et le capitaine Burgard ; l'adjudant Thomas est enlevé en exhortant ceux qui restaient debout à mourir en braves sur les corps de leurs officiers. Sur cet emplacement si tristement célèbre, il ne reste plus que douze hommes criblés de blessures.

Mais sur ces entrefaites, un autre hussard était arrivé au camp, annonçant que le Commandant et ses soixante braves étaient massacrés ou prisonniers.

Le capitaine de Géreaux aidé par le lieutenant Chappedelaine rallie la garde du troupeau (une escouade de la 3ᵉ) les muletiers du Bataillon, la grand'garde commandée par le caporal Lavayssière (deux escouades de la 3ᵉ) et ses Carabiniers, en tout un peu plus de quatre-vingts hommes, puis s'élance au secours des derniers survivants. A peine la petite troupe avait-elle parcouru deux cents mètres qu'elle était entourée d'une nuée d'ennemis. Toute retraite était coupée.

Le Capitaine se décide alors à gagner le marabout de Sidi-Brahim, situé à 800 mètres, résolu à s'y défendre jusqu'à la dernière extrémité. Il ordonne de charger à la bayonnette ; mais ce n'est qu'après trois heures d'un combat acharné que nos Chasseurs arrivent sur le marabout, gardé par une trentaine d'arabes. Ils l'emportent d'assaut sur les quatre faces à la fois ; mais cette modeste victoire avait coûté la vie à cinq hommes, parmi lesquels le sergent Estayères, vieux brave comptant 28 années d'excellents services.

Le capitaine de Géreaux avait eu la cuisse traversée par une balle ; le lieutenant Chappedelaine avait reçu un coup de feu au côté droit. On organise rapidement la défense : le mur d'enceinte, qui n'a qu'un mètre de hauteur, est garni de créneaux, l'entrée est fermée à l'aide des cantines ; chaque face reçoit une vingtaine de défenseurs.

Alors commence cette lutte épique qui devait illustrer à jamais, avec le numéro du 8° Bataillon, l'arme entière des Chasseurs à pied, et où se couvrit de gloire le caporal Lavayssière, l'âme et la tête de la résistance, dans ce combat digne des héros d'Homère.

Le capitaine de Gércaux, dans l'espoir d'attirer l'attention de la colonne Barral que l'on sait rayonner dans les environs, ordonne à Lavayssière de désigner un Chasseur pour aller planter un drapeau au faîte du marabout : « Mon Capitaine, répond le brave Caporal, je préfère y monter moi-même, car ce serait envoyer un Chasseur à une mort certaine. — Je promets une belle récompense à celui qui aura le courage d'aller planter le drapeau, ajoute aussitôt le Capitaine.

Lavayssière prend la ceinture rouge du Lieutenant, et la noue à sa cravate bleue de troupier, coupe une branche de figuier et, sous une grêle de balles, gravit le dôme du marabout. Les balles sifflaient de tous côtés ; l'une enlève le képy du Caporal sans le blesser, une autre l'atteint à l'épaule gauche, une troisième coupe entre ses mains la hampe de son drapeau improvisé, au moment même où il le plantait.

Lavayssière parvient enfin à consolider son signal, et se fait lancer la lunette du Capitaine. Il aperçoit la colonne Barral ; mais il voit qu'elle est attaquée et qu'elle se retire.

Tout espoir de salut était donc perdu pour nos braves Chasseurs.

Cependant les arabes continuaient leur fusillade et leurs assauts furieux contre le marabout.

Une première sommation est portée par un arabe qui s'an-

nonce par une sonnerie. Elle est écrite en français ; le
Capitaine répond qu'il préfère mourir cent fois plutôt que
de se rendre.

Une deuxième sommation parvient au Capitaine, après
une reprise de combat ; elle est rédigée en arabe. L'inter-
prète Lévy en donne l'explication. Elle contient la menace
que, si la petite troupe ne se rend pas, les hommes auront
la tête tranchée.

Le Capitaine fait répondre que ses Chasseurs et lui sont
sous la garde de Dieu, et qu'ils attendent l'ennemi de pied
ferme.

La troisième et dernière sommation est plus pressante
que les deux premières, mais ne renferme aucune menace.

Lavayssière la reçoit et s'empresse de la communiquer à
son chef, qui était allé se reposer dans le marabout à côté
de son Lieutenant, l'un et l'autre souffrant horriblement
de leurs blessures. Le docteur Rosaguti ne pouvait les soi-
gner comme il l'aurait voulu, car son matériel médical était
resté au camp.

Le Capitaine ne veut faire aucune réponse. Le Caporal
lui demande son crayon, et écrit au bas de cette sommation :
« M.... pour Abdel-Kader ! Les chasseurs d'Orléans se font
tuer, mais ne se rendent jamais ! » Il tend la lettre à son
Capitaine, qui trouve encore la force de sourire et de lui
dire : « Tu as raison, Caporal, fais-leur tenir cette réponse. »

C'est ainsi qu'il a été donné au héros dont s'enorgueillit
le 8e de réaliser le mot contesté de Waterloo.

Abdel-Kader envoie alors devant le marabout une dizaine
de prisonniers, les mains liées, et entourés d'une escorte.
Il espérait que cette vue démoraliserait la défense et amène-
rait une capitulation. Lavayssière, qui comptait parmi ces

prisonniers quelques compatriotes du midi, leur crie dans son patois : « Couchez-vous. » Ceux-ci s'étendent aussitôt, et au commandement du Caporal, une fusillade terrible commence sur l'escorte, et même sur l'entourage de l'Émir, qui, placé à quelques centaines de mètres, attendait l'effet de sa démonstration. Abdel-Kader est même atteint à l'oreille.

Un nouvel assaut plus terrible, plus furieux, commence alors. Les arabes, qui reçoivent des feux de salve à bonne portée, finissent par reculer.

A cinq heures du soir, reprise exaspérée du combat ; non plus, cette fois, seulement à coups de fusil, mais à coups de pierres que les Chasseurs renvoient en partie. (On en retira plus tard quatre prolonges de l'enceinte du marabout).

La lutte dure ainsi pendant trois quarts d'heure. Deux hommes sont blessés. La nuit vient mettre fin au combat et se passe assez tranquillement.

Le jour vient (24 septembre). Ce n'est qu'à dix heures du matin que les arabes tentent un nouvel assaut, plus terrible encore que les précédents. Aucun d'eux ne peut franchir la muraille.

La journée s'achève sans incidents, la nuit vient, et le 25 à 8 heures, une nouvelle attaque se produit. Des milliers d'arabes et de kabyles se lancent sur le marabout.

Après une première décharge, vient la lutte à coups de pierres, à coups de sabre, corps à corps.

Nos Chasseurs font un tel carnage que les arabes cèdent le terrain et n'osent venir prendre leurs morts qu'à la faveur de l'obscurité, la nuit suivante.

L'Émir avait renoncé à prendre le marabout d'assaut, et commençait le blocus.

Les braves défenseurs de cette petite forteressé étaient exténués. Ils souffraient de la soif, plus encore que de la faim, à la suite de ces trois journées de lutte, sans repos, sans vivres, sans eau, sous les ardeurs implacables du soleil d'Afrique. Nos Chasseurs en sont réduits à boire leur urine mélangée à un peu d'absinthe.

Ils demandent tous à tenter une sortie pour atteindre, au dépens même de leur vie, une fontaine située à cinquante mètres du marabout.

Le capitaine de Géreaux se résout alors à essayer de percer l'ennemi pour regagner Djemmâa-Ghazaouat.

Lavayssière, pendant la nuit, va reprendre son petit drapeau, qu'il retrouve criblé de balles.

Le 26 au matin, on escalade la face Nord du marabout, les carabines sont bourrées avec double charge et huit morceaux de balles. La petite troupe se compose encore de 80 Carabiniers, du capitaine de Géreaux, du lieutenant Chappedelaine, du docteur Rosaguti et de l'interprête Lévy.

— Lavayssière commandait, les Officiers et Sous-Officiers étant affaiblis par leurs blessures.

Le premier poste arabe est enlevé à la bayonnette. — Aucun indigène ne se sauve ; tous sont égorgés sur place.

Les arabes, d'abord stupéfaits, se rallient, et se pressent autour de l'héroïque phalange, formée en carré, et entourant le Capitaine et le Lieutenant épuisés, soutenus par des Chasseurs. Nos braves marchent dans cet ordre, toujours luttant, serrant les rangs chaque fois qu'un camarade tombe pour ne plus se relever. La petite colonne fait ainsi deux lieues ; le Capitaine ne peut plus se soutenir. Lavayssière ordonne une halte de dix minutes. Pendant ce court repos, trois Chasseurs sont tués,

Le carré se réforme et reprend sa marche vers Djemmâa, toujours harcelé par des nuées de cavaliers ennemis, qui s'opposent à la retraite. Deux lieues se font encore : nouvelle halte, afin de permettre aux officiers exténués, et à tous les blessés, réunis au centre, de se reposer un peu.

Nos chasseurs ne sont plus qu'à deux kilomètres de Djemmâa. Le Capitaine tombe frappé d'une balle à la tête. Deux Chasseurs s'emparent de son corps, et la retraite s'accélère, terrible pour les arabes. Mais l'ennemi devient plus nombreux, plus acharné que jamais, et bientôt les braves Carabiniers sont obligés de donner un dernier regard et de dire un dernier adieu aux restes de leur malheureux Capitaine.

Le lieutenant Chappedelaine, atteint de deux balles en pleine poitrine, et le docteur Rosaguti, succombent à leur tour.

Lavayssière restait seul debout avec quelques Carabiniers et le hussard Nataly.

La petite troupe s'engage dans un défilé, mais l'ennemi a distançant, lui coupe de nouveau la retraite. « Mes amis, s'écrie Lavayssière, il n'y a plus de carré possible ! En avant ! et à la baïonnette ! »

Suivant l'expression de Lavayssière lui-même, ce combat était « de la folie, de la rage, un massacre, une boucherie indescriptible. »

Enfin, le passage est forcé, et cinq hommes se retrouvent debout autour de l'héroïque Caporal, tous désarmés. Seul, Lavayssière avait conservé sa carabine.

Ils arrivent à 200 mètres de la redoute. Nouvelle charge de trois cavaliers qui restent sur le carreau. Un kabyle, dissimulé derrière un arbre, blesse le hussard Nataly. Lavayssière lui enfonce sa bayonnette dans le ventre.

Enfin, à 50 mètres seulement de la redoute, un juif, vers lequel Lavayssière s'avançait sans méfiance, le blesse d'un coup de pistolet à l'oreille gauche. Il a le sort du kabyle.

Quelques Chasseurs échappés au massacre rejoignent le petit groupe. Ils arrivent neuf aux portes de Djemmâa.

La garnison fit une sortie et rapporta les corps de six malheureux blessés.

Le 8ᵉ Bataillon de Chasseurs se trouvait réduit à quinze survivants :

Lavayssière, caporal, Jean-Pierre, caporal conducteur, Langlais, Rimona, chasseurs ; Siguier, clairon ; Delfieu, Lapparat, Fert, Langevin, Médaille, Antoine, Tressy, Léger, Michel, Audebert, carabiniers.

Jean-Pierre et Audebert moururent épuisés en entrant dans Djemmâa. Fert, Médaille et Siguier succombèrent peu de jours après.

En résumé, 8 officiers et 252 sous-officiers et soldats étaient morts dans ces mémorables journées ; 80 avaient été faits prisonniers, la plupart couverts de blessures ; parmi eux, le sous-lieutenant Larrazet et l'adjudant Thomas. Mais, chose remarquable, et qui fera l'orgueil éternel du 8ᵉ Bataillon, pas une plainte, pas un murmure, pas une parole de défiance, aucune hésitation, pas l'ombre du désordre dans ces épreuves si prolongées, si diverses, tant étaient fortes la discipline et l'aveugle confiance dans les chefs qui ont si bien montré combien ils en étaient dignes. Pas un instant le dévouement n'a failli, et c'est le plus bel éloge qui puisse être fait de ces glorieux martyrs de l'honneur et du devoir.

Djemmâa fut bloqué pendant quinze jours, et fut délivré

le 10 octobre par les colonnes Lamoricière et Cavaignac.
La première pensée des généraux fut pour les Carabiniers
morts et restés sans sépulture dans le ravin des Ouled-Ziris.
Quelques-uns, MM. de Géreaux et Chappedelaine entre
autres, purent être reconnus. Le Lieutenant-Général voulut
lui-même présider la triste cérémonie, et, dans une allocution
pleine d'éloges et d'expressions d'un vif regret, demanda
vengeance au nom de la France et de l'armée pour ces
braves qui venaient de porter si haut le nom français.
L'ordre du jour mentionna les noms des quinze militaires
qui avaient survécu à la retraite de Sidi-Brahim : le caporal
Lavayssière, dont l'énergie morale avait été si remarquable,
et qui avait puisé dans cette énergie les forces nécessaires
pour rapporter seul son arme, fut nommé sergent ; les
chasseurs et Carabiniers qui l'accompagnaient furent nom-
més caporaux.
Le sergent Lavayssière fut décoré de la Légion d'Honneur
ainsi que les autres survivants.
Un hommage posthume fut rendu aux victimes dont les
corps avaient été retrouvés : des croix de la Légion d'Honneur furent attachées sur les cercueils qui renfermaient
leurs restes glorieux.
Le 12 mai 1846, au milieu d'un immense carré formé de
six bataillons et huit escadrons, le Général commandant la
subdivision de Tlemcen, après une allocution énergique et
émue, remettait au nom de S. A. R. le Comte de Paris, une
carabine d'honneur au sergent Lavayssière. L'arme porte
l'inscription : *Donnée par le Prince Royal au caporal
Lavayssière. — Sidi-Brahim. — Septembre 1845.*
Du 24 septembre au 13 octobre de l'année 1846, le
Bataillon, pendant son séjour au camp de Djemmâa,

accomplissait un pieux pèlerinage aux lieux témoins des derniers moments de la retraite héroïque des défenseurs de Sidi-Brahim.

On éleva, sur l'emplacement même où périrent le capi-taine de Géreaux, le lieutenant Chappedelaine, le docteur Rosaguti, entourés de quelques chasseurs, un monument destiné à perpétuer la mémoire de cette poignée de braves.

Le 27 novembre de la même année, un envoyé d'Abdel-Kader, porteur de lettres de paix au roi et au maréchal Bugeaud, ramenait dix prisonniers, dont le retour au milieu de l'armée fut un véritable triomphe. La garnison et la population de Djemmâa leur offrirent un banquet.

Le sous-lieutenant Larrazet, l'adjudant Thomas reçurent la décoration de la Légion d'Honneur devant toutes les troupes.

Tel fut le combat de Sidi-Brahim....

L'impression dramatique qui se dégage de ce simple récit et que tout commentaire affaiblirait, fera comprendre quels précieux souvenirs évoque la pensée de ces trois journées, qu'on peut appeler les trois glorieuses des Chasseurs à pied. Cette narration dira aussi pourquoi l'anniversaire de ce combat héroïque a été choisi pour la célébration de la fête des trente Bataillons de l'arme, et exposera enfin les titres du sergent Lavayssière, du modeste héros qui personnifie encore aujourd'hui ces souvenirs impérissables, à la sympathie enthousiaste de tous les Chasseurs de l'armée.

Amiens. — Typographie DELATTRE-LENOEL, rue de la République, 32.

298

www.ingramcontent.com/pod-product-compliance
Lightning Source LLC
Chambersburg PA
CBHW060804280326
41934CB00010B/2555